서담 동시집

가슴에 찍힌 사진

서담 동시집
가슴에 찍힌 사진

초판 1쇄 인쇄 2020년 5월 20일
초판 1쇄 발행 2020년 5월 25일

지은이 서담
그린이 고현경
펴낸이 강정규
펴낸곳 시와동화

등록번호 제2014-000004호
등록일자 2012년 6월 21일

주소 경기도 부천시 소사구 성주로 86-4, 104동 402호(송내동 현대아파트)
전화 032-668-8521
이메일 kangjk41@hanmail.net

ISBN 978-89-98378-36-3 73810

저작권자 (c) 서담, 고현경 2020

이 책의 저작권은 저자에게 있습니다. 저자와 출판사의 허락없이 내용의 일부를
발췌하거나 인용할 수 없습니다.

값은 뒤표지에 있습니다.

어린이제품안전특별법에 의한 제품 표시
제조자명 시와동화 제조년월 2020년 5월 제조국 대한민국 사용연령 6세 이상 어린이
주소 및 연락처 경기도 부천시 소사구 성주로 86-4, 104동 402호(송내동 현대아파트), 032)668-8521

서담 동시집

가슴에 찍힌 사진

시와 동화

시인의 말

글첩을 엮으며

길을 갈 때도
눈을 감고 누워 있을 때도
가끔은 꿈속에서도 사진이 찍혔습니다.

해처럼 환하게
더러는 그믐밤처럼 어둡게
무지개처럼 곱게
꽃처럼 여리게, 송곳처럼 뾰족하게 …….

한 컷 한 컷
가슴에 찍힌 사진들을
글로 옮겨 글첩을 엮었습니다

이 글을 읽을 우리 친구들에게는
이 글을 쓴 나와는
다른 빛깔, 다른 모양으로
한 컷 한 컷 다시 찍히겠죠!

그런 글첩이 되길 바라며.

2020년 봄
서담

차례

시인의 말 - 4

제1부 _ 접시꽃 심기

봄 비 _ 12
봄바람 _ 14
꽃샘바람 _ 16
콩 꽃 _ 18
접시꽃 심기 _ 21
나뭇잎 _ 23
반달 _ 24
우산 _ 27
해맞이 _ 28
덮는다 _ 30
바람 일꾼 _ 32
겨울이 없어진다면 _ 34

제2부 _ 사람들 참 안 됐다

그만 울라고 왜 안 해? _ 36
깁스 푸는 날 _ 39
힘센 우표 _ 40
할머니 패션 _ 42
가뭄 끝 장마 끝 _ 44
겨울 준비 _ 46
그리기는 선부터 _ 48
또각! 또각! _ 50
차라리 빼줘 _ 53
사람들 참 안 됐다 _ 54
가슴에 찍힌 사진 _ 56
얼음 이불 _ 58

제3부 _ 반칙에게 박수를

하늘은 치울 줄도 안다 _ 62

핸드폰 조종사 _ 64

모과 _ 66

바다 도시 _ 68

고장 난 수도꼭지 _ 71

헛짓 _ 72

아빠의 긴 방학 _ 74

도마 _ 76

꾀부리는 책 _ 79

반칙에게 박수를 _ 81

송충이의 고민 _ 82

윗니 아랫니 _ 84

제4부 _ 메타세콰이아 길

1004섬 _ 88

가마니 길 _ 90

죽녹원 _ 92

의병로 _ 94

슬로우시티 _ 96

메타세쿼이아 길 _ 98

입주 대기자 _ 101

나무들의 얘기 _ 103

만능 독수리 _ 105

기록 갱신 _ 106

미로 _ 108

돌아가신 뒤에도 _ 110

생각을 돕는 글

생각이 만드는 아름다운 세상 문삼석 _ 112

제1부
접시꽃 심기

봄비

톡!
톡!
톡!

처음 두드릴 땐
꼼짝도 않더니

토독!
토독!
토독!

다시 찾아온 봄비를 보고
스르르 문을 여는 봄.

봄바람

날이 길어 심심해진 해가
바람의 발바닥을
살살 긁는다.

화들짝 놀란 바람
쉭쉭~쉭쉭~ 웃으며
산으로 들로 내달린다.

쉬익~쉬익~ 웃으며
살랑살랑 간질이고 다닌다.

머잖아
산과 들에 도돌도롤
연두 두드러기 돋아나겠다.

꽃샘바람

삐죽 고개 내밀던 민들레
- 아휴, 추워!

살짝 손 내밀던 냉이
- 어, 손 시려!

쑥쑥 올라오던 쑥
- 잘못 온 거 아냐?

봄비가 내려와
토닥인다.

- 조금만 참아!
 바람이 길을 잃었대.

콩 꽃

가만히 들여다보니
작은 꽃이 보인다.

놀랍게도 잎 사이에서
몰래 웃고 있는 작은 노란 꽃!

그동안
콩알과 잎만 보아왔던 콩 줄기에

이렇게 예쁜 꽃이
웃고 있었다니…….

가만히 눈여겨
들여다보지 않았더라면

영영
못 볼 뻔했다.

접시꽃 심기

햇볕 주춤거릴까 봐
하늘까지 뻥 뚫린
장독대 둘레에 심어주었어요.

결 고운 접시 빚으라고
발 고운 흙으로
덮어주었어요.

하늘과 땅이 곱게 빚어
고운 접시 탑
높이 세우라고

하양, 빨강, 분홍……
골고루, 골고루
심어주었어요.

나뭇잎

주룩주룩 쏟아지는 빗물
좍 펴고 받아내는

나뭇잎은
푸른 물받이.

펑펑 퍼붓는 햇볕도
좍 펴고 받아내는

나뭇잎은
환한 볕받이.

반달

둥글던
보름달

며칠
안 보이더니,

반쪽만
남고

반쪽은
연못에 잠겨 있네.

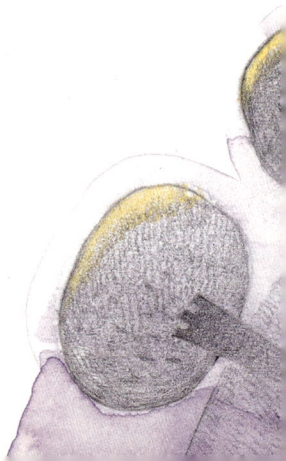

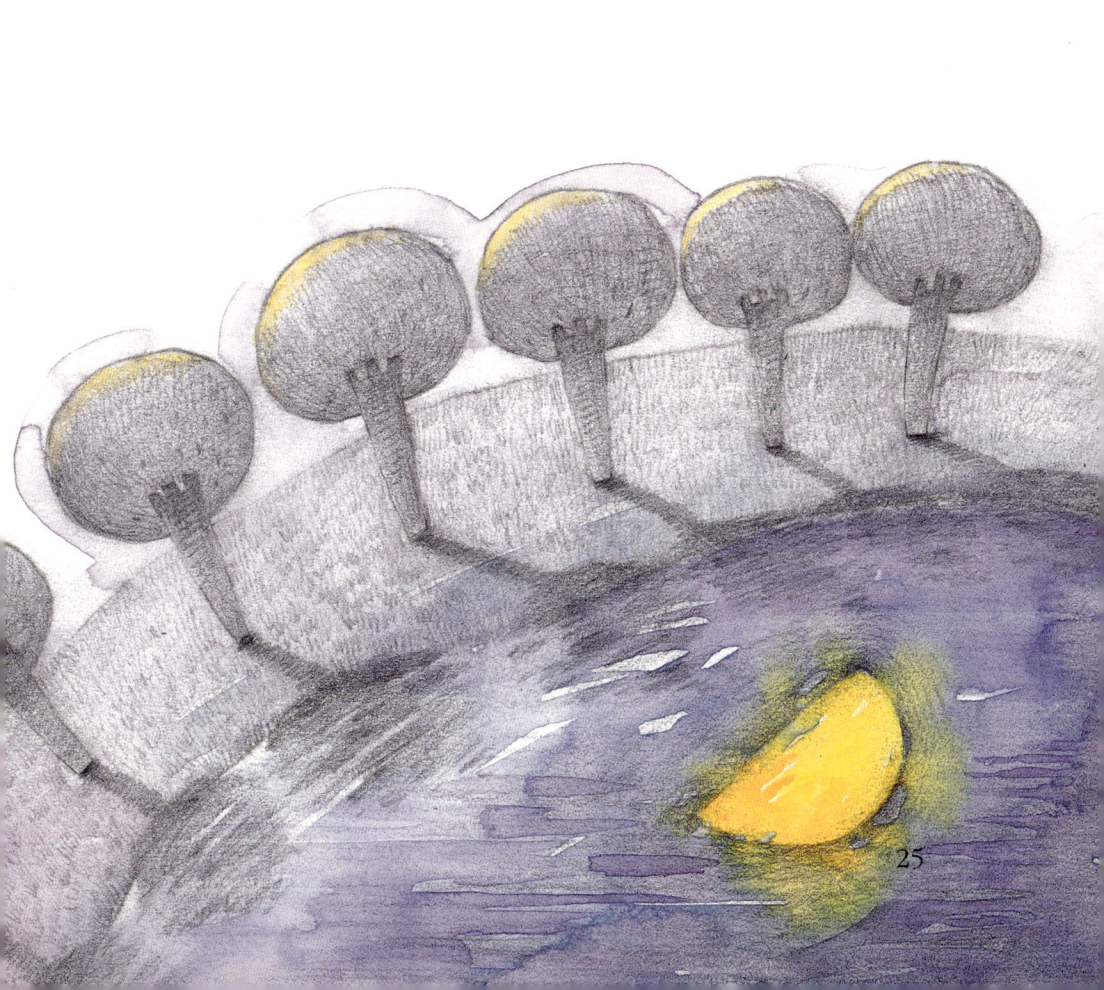

우산

투두둑, 투두둑!
노래처럼 빗소리가 들려오네.

깜깜한 신발장 속에서
기다리고 기다리던 저 소리.

메마른 내 몸을
투두둑, 투두둑, 두드리며

- 나야, 나, 비!
 반가워. 오랜만이야! 하겠지.

기다리고 기다리던 저 소리,
반갑고 반가운 저 빗소리.

해맞이

바다가 쑤욱
금빛 알을 낳았다.

어둡고 먼 길 달려와
아침을 맞는 사람들도,

추위 속에 떨고 서서
볕을 기다리는 사람들도,

모두 모두 함께
나눠가지라고

커다란 금빛 알을
쑤욱! 낳았다.

덮는다

투두둑! 툭!

은행 알이 뛰어내린다.
데구르르 구른다.

운동화에 밟히고,
바퀴에 뭉개지고…….

저런!

단풍 잎 한 잎
사뿐히 내려와

뭉개진 은행 알을
살포시 덮는다.

바람 일꾼

감나무 밑에
풋감이 수북하다.

축 처졌던 감나무 어깨
쑤욱 올라가 있다.

- 바람도 일손 귀한 줄 알고
  어젯밤 솎아 놓고 갔구먼!

할아버지
허리 쭉 펴시고

감나무 올려다보며
허허허! 웃으신다.

겨울이 없어진다면

만약 춥고 긴
겨울이 없어진다면

해찰을 부려도 된다고
매미가 좋아할까?

봄까지 노래해야 할 귀뚜라미도
마냥 신나기만 할까?

너무 춥다고
너무 지루하다고
봄만 기다리던 우리도

눈사람처럼 겨울이 녹아버려
1년 내내 눈을 볼 수 없어도
마냥 좋기만 할까?

제2부

사람들 참 안 됐다

그만 울라고 안 해?

- 그만 울자. 착하지. 뭐줄까?
어르고 달래던 엄마,

- 그래, 실컷 울어라.
그냥 방에서 나가버린다

자지러지게 울던 동생
몇 번 더 흘쩍이더니

- 그만 울라고 왜 안 해?
  목 아파 죽겠는데…….

밖에다 대고
소리소리 지른다.

깁스 푸는 날

목발로 가면
간호사 누나들 한쪽으로 비켜주고,

승강기 앞에 서면
형들도 얼른 물러서 주고,

친구들은 화장실 긴 줄
말없이 뚝 잘라 끼워주었는데,

이젠 누가 식판을 들어 주지?
물은 또 누가 떠다 주지?

걱정 생긴 오늘은
깁스 푸는 날!

힘센 우표

할아버지는 지금도 꼭
손 편지를 쓰신다.

두터운 한지에 붓글씨로,
기본이 석 장이다.

통영에서 서울까지
그 가볍지 않은 편지를

조그만 우표 한 장이
번번히 지고 온다.

무겁다는 내색도 없이
잘도 지고 온다.

할머니 패션

들에 나가시는 할머니 옷은
의자 옷입니다.

조그만 북처럼 생긴
플라스틱의자가 달린 옷.

들고 다니기 귀찮다고
일하기 편하다고

달랑거리는 의자 옷을
헐렁한 꽃바지 위에 껴입습니다.

걸어가면 엉덩이에서
덜렁거리는

할머니표 멋진
의자 옷 패션!

가뭄 끝, 장마 끝

간조롱한 물바늘들이
갈라진 논바닥을 깁는다.

홈질, 박음질, 감침질…….
몇 날 며칠을 깁는다.

공그르기, 상침질, 새발뜨기…….
물샐 틈 없이 깁는다.

물바느질 끝나면
뚝!

매듭은
홀치기다.

겨울 준비

단풍축제로 바빴던 산
겨울 준비가 한창이다.

빨강, 노랑, 주황…….

축제에 썼던 잎 긁어모아
푹신한 퀼트 이불을 짠다.

나무뿌리도 덮어주고,
벌레들도 덮어주고…….

겨울 산들 지금
겨우살이 준비가 한창이다.

그리기는 선부터

하늘도 그리기는
만만치 않나보다.

|||||||||
며칠 째 비로 쭉쭉 직선을 긋다가

//////////
한동안은 어긋어긋 사선만 긋고

!!!!!!!!!!
어제야 느낌표를 찍더니

○

마침내 오늘 아침 동쪽에
반듯한 동그라미 하나 그려 놓았다.

또깍! 또깍!

자꾸자꾸 자라나는 손톱은
그만큼 자꾸자꾸 잘려나가지.

더도 말고 덜도 말고
자라난 그만큼씩 잘려나가지.

또깍! 또깍! 잘려나가는 게
손톱은 참 즐겁지.

또깍! 또깍! 또깍! 또깍!
즐겁게 노래하며 잘려나가지.

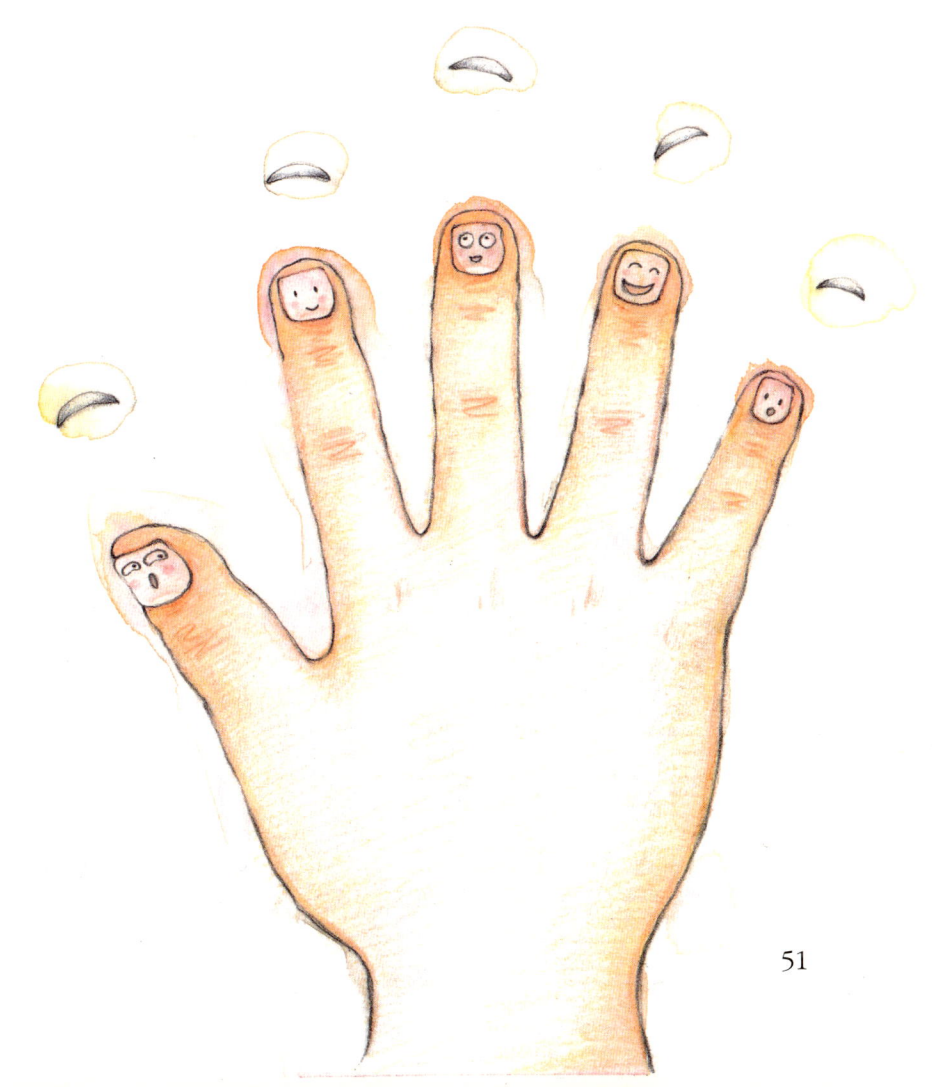

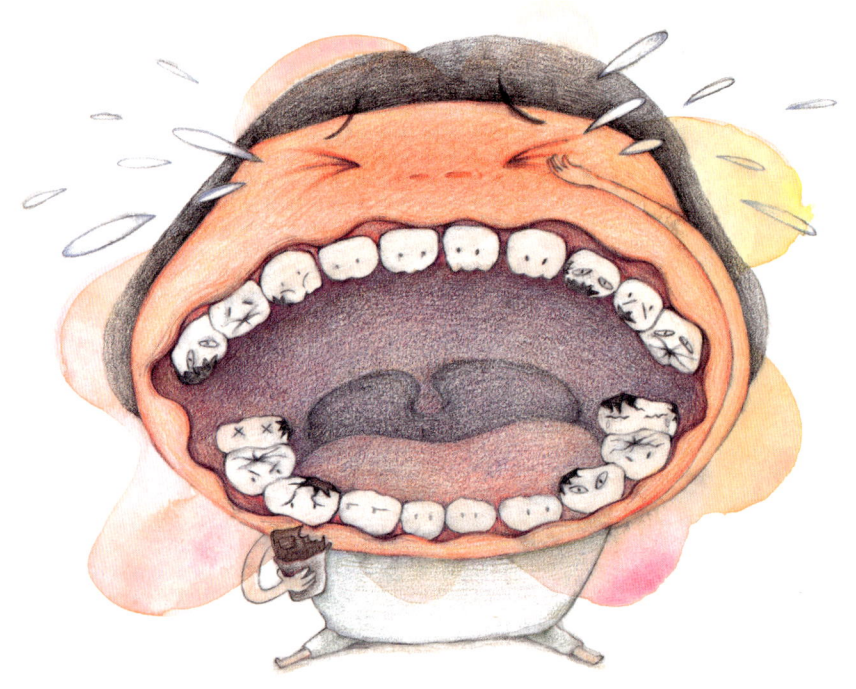

차라리 빼 줘

이가 조르는 거야.
차라리 빼달라고…….

좁은 자리에
콕 박혀 있는 것도 답답한데

싫어하는 초콜릿이나 핥고
콜라나 마셔 대니

잇몸까지 벌겋게
화가 났다는 거야.

밥풀만한 이빨 하나가
온 몸에 열을 바짝 올린다고

잇몸까지 꼬드겨
조르는 거야.

당장 빼달라고…….

사람들 참 안 됐다

우리 모기들 못 들어가게
방충 창 달고,

바람도 못 들어가게
방풍 지 붙이더니,

이젠 사람들까지 못 들어가게
방범창 다네.

사람들 참 안 됐다.
도대체 누구랑 살겠다는 거지?

가슴에 찍힌 사진

사진을 찍어달란다.

휠체어를 탄 할아버지와
몸을 낮춰
휠체어를 잡고 있는 아저씨.

- 여기 보세요. 찰칵!
셔터를 눌렀다.

순간, 찰칵!
또 한 장의 사진이
내 마음속에 찍혔다.

뜨거운
가슴 사진 한 장!

얼음이불

물고기들은
아무리 추워져도
걱정하지 않는대.

강물이
한 겹 두 겹
물 숨 놓아

두툼한
얼음이불
만들어 줄 테니까.

제3부
반칙에게 박수를

하늘은 치울 줄도 안다

간밤
내내 퍼부어
수북이 쌓인 눈,

하늘이 보낸
햇볕 청소부가
말끔히 치우고 있네.

핸드폰 조종사

내 손에 꽉 쥐인 핸드폰,
걸을 때도
차 안에서도

- 켜!
 화면 바꿔!
 이어폰 꺼!

- 문자 보내!
 카톡 읽어!
 빨리 전화 받아!

졸졸 따라다니며
시도 때도 없이 조종하는
핸드폰은 내 조종사.

모과

이쪽도, 저쪽도
향기였어.

온 몸에 가시나 세우고 있던
탱자나무도

애써 키운 열매
떨어뜨리던 바람도

모두가 아름다운
향기를 품었어.

내가 노랗게 익던
바로 그날부터…….

바다 도시

전복들의 혁신도시,
김들의 생태도시,

미역, 다시마,
새우, 장어, 소라, 멍게…….

혁신도시, 생태도시,
칸칸이 나누다가는

바다도 30층, 50층
빌딩 올려야 되겠다.

고장 난 수도꼭지

수도가 뚜욱뚝
눈물을 떨궈도

그 눈물 한 방울
닦아 줄 수가 없어.

나 때문에
흘리는 줄 알면서도

어쩌지 못하는
난 고장 난 수도꼭지.

헛짓

나비의 날갯짓은
95%가 헛짓이래.

나비가 헛짓을 하지 않는다면
꽃들은 어찌될까?

쓸데 있는 짓 5%를 위해
95% 헛짓을 하는

나비는 뗄 수 없는
꽃들의 친구.

아빠의 긴 방학

계속 집에만 계시는
아빠.

- 아빠 방학 한 거지?
- 어어, 그게 말이야…….

학교도 아빠 회사처럼
방학이 길면 좋을 텐데…….

몇 년 아니면
몇 달이라도…….

도마

토막이나 내고
짓이기기나 하는

부엌칼을 짝으로 둔 게
잘못이었을까?

파이고 잘린 칼자국들을
그대로 안은 채

오늘도 딱딱딱딱!
아픈 도마 소리

부엌에
가득하다.

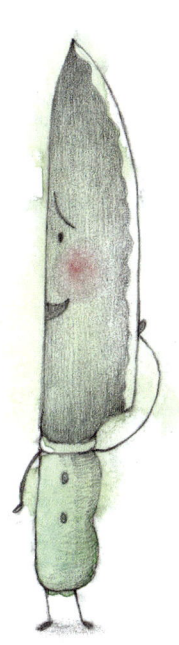

꾀부리는 책

글자들이
뒤죽박죽이다.

'멋대로'가 '맘대로'로 읽히고
글줄이 구불텅구불텅 산길이다.

끊겼다 나타나고,
끊겼다 이어지는 연속 터널이다.

읽히기 싫어
꾀부리는 책!

들렸다, 놓였다, 들렸다, 놓였다……
안절부절 못하더니

툭!
곤두박질을 친다.

반칙에게 박수를

느티나무를 돌아오기로
달리기를 합니다.

내가 먼저
느티나무를 탁 치고 돌고,
지아가 돌고, 진규가 돌고……,

꼴찌로 달리던 승우가
돌아오는 내 손을 툭 치고
휠체어를 휙 돌립니다.

제일 먼저 들어 온 승우에게
우리는 다함께
박수를 보냅니다.

송충이의 고민

솔잎만 먹으면
솔잎 될 수 있을까?

대롱대롱 매달려 살면
솔방울 될 수 있을까?

- 아, 싫어.
  징그러운 송충이!

어떻게 하면 이런 말
안 들을 수 있을까?

윗니 아랫니

만났다 하면
딱딱 부딪치지.

그러다가도
먹을 것만 들어오면

끓고, 부수고,
씹고, 깨물고…….

열심히들 서로
힘을 모으지.

맛있다, 맛있다
좋알대면서…….

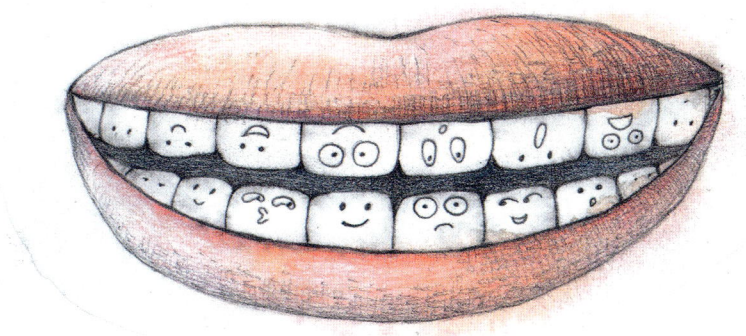

1004 섬[1]

신안 앞바다
1004 섬.

새들 날다 지치면
쉬어가라고

천사 같은 바다가
다문다문 심어놓은

1004 개의
예쁜 쉼터.

1004 섬[1] : 전남 신안군은 모두 1004개의 섬으로 이루어져 있음.

가마니 길

속초 해수욕장 소나무 밑을
가만가만 걷는다.

아무리 밟아도
소리 나지 않는

가마니가 덮여 있는
가마니 길을

친구랑 손잡고
가만가만 걷는다.

죽녹원[2]

담양 죽녹원에 사는 대나무들은
잠시도 쉴 새가 없다.

사시사철 하늘만 바라보며 살아
도도하다고 소문난 대나무들이지만

강릉, 서울, 대전, 대구, 부산……
찾아올 손님 맞을 준비에

사라락사라락……
사라락사라락……

옷매무새 가다듬는 그윽한 소리
밤낮으로 그치지 않는다.

죽녹원[2] : 전남 담양군에 있는 대나무 숲과 각종 문화시설이 갖추어진 곳.

의병로

이 길에만 들어서면
불끈 힘이 솟는다.

와~와~

의병[3]들의 외침소리가
들리는 것 같다.

허리를 곧게 세우고
팔도 힘차게 내저으며

의병[3]: 외적의 침입으로 나라가 위급할 때 외적에 대항하여 싸우기 위해 국가의 명령을 기다리지 않고 스스로 모여들었던 사람들

텔레비전 속 의병들처럼
힘차게 걷다보면

어느새 나도
당당한 의병이 되어 있다.

슬로우시티

슬로우시티에는
오래전 밥상차림을 한 전통음식점이 있고
자연재료로만 물들인다는 천연 염색집도 있고
옛날 방식으로 엿을 만든다는 공방도 있다.

슬로우시티에는
오래된 기와집들도 줄지어 서있고
정다운 돌담길도
꿈꾸듯 이어져 있다.

담양군 창평면 삼지내 마을
슬로우시티에는
옛 노랫가락도 구성지게 흘러나오고
구경 온 아이들 웃음소리도 한가한데,

하늘에 떠 있는 흰 구름 한 점도
바쁠 것 없다는 듯
천천히 천천히
걷고 있다.

메타세쿼이아 길

쭉쭉 쌓아올린 기둥이다.
활짝 펼쳐진
삼각 깃발이다.

담양교 받치는 기둥처럼
지붕 이고 우뚝 서있는
메타세쿼이아.

반듯하게 허리 펴고
높은 하늘 떠받치고 있는
저 메타세쿼이아는

목청껏 내지르는 함성이다.
힘차게 펄럭이는
삼각 깃발이다.

입주 대기자

국화꽃 한 송이에
다닥다닥
많은 벌들이 붙어있다.

그 둘레를
윙윙거리며 맴도는
수많은 꿀벌 식구들,

방이 비기만을 기다리는
국화꽃아파트
입주 대기자들이다.

나무들의 얘기

- 소문 들었어?

- 무슨 소문?

- 우리 산이 넘어 간대.

- 어디로?

- 저 멀리 서울로.

- 산이 어떻게 넘어가?

- 도장 찍고 복사하면 넘어간대.
  우리도 함께…….

- 수십 년 살아온 우리한테
  묻지도 않고?

만능 독수리

> 걸어만 두어도 조류방지!
> 에어컨실외기 비둘기퇴치에 효과만점!
> 고라니, 멧돼지 등의 유해한 산짐승들로부터
> 우리 농작물 최고의 지킴이!

허수아비 대신 참새를 쫓겠다고,
말썽꾸러기 비둘기와 까치를 쫓아 주겠다고
마을로 당당히 들어온

흔들 독수리, 흔들 독수리 연, 반사판 독수리,
흔들 독수리 모빌…….

*상품 평

까치가 한 동안 안 보이더니
어느 날 독수리 옆에 앉아 있더군요.
앉을 자릴 없애려고 추가 주문해서 부착해 놓았으나
아예 독수리 사이를 비집고 들어와 앉아 있더군요.
독수리 위에 배설물도 싸 놓았더군요.

기록 갱신

우리나라에서 제일 높은 빌딩,
우리나라에서 제일 긴 다리,
역사 이래 가장 넓은 간척지 매립…….
날마다 쏟아지는
기록갱신에

날씨도 질세라
몇 십 년 이래 최고 더위,
기상관측 후 가장 많은 적설량,
기상관측 후 가장 센 태풍…….
기록은
계속 갱신 중!

미로

할아버지가
돌아가셨다.

갈 수는 있어도
다시 돌아올 수는 없는 길이란다.

얼마나 멀리
돌고 도는 길이기에

다시는 돌아올 수
없다는 걸까?

돌아가신 뒤에도

앞집, 뒷집, 옆집……
둘레둘레
모여 사시던 할아버지,

돌아가신 뒤에도
앞산에 풀 지붕 올리고
둘레둘레
모여 사신다.

층층이 올린 높은 아파트에서
외롭게 사시던
외할아버지,

돌아가신 뒤에도
칸칸이 쌓아올린 납골당 4층
칸막이 방에서
홀로 계신다.

감상을 돕는 글

생각이 만드는 아름다운 세상

문삼석(동시인)

1. 봄이 아름다운 것은

햇볕 주춤거릴까 봐
하늘까지 뻥 뚫린
장독대 둘레에 심어주었어요.

결 고운 접시 빚으라고
발 고운 흙으로
덮어주었어요.

하늘과 땅이 곱게 빚어
고운 접시 탑
높이 세우라고

하양, 빨강, 분홍……

골고루, 골고루
심어주었어요.

「접시꽃 심기」 전문

접시꽃을 아시나요?

접시꽃은 시골집 담장이나 울타리 주변에서 흔히 볼 수 있는 우리나라 꽃이에요. 진분홍색도 있지만 약간 붉그스레하거나 눈처럼 하얀 색깔도 있어서 우리에겐 퍽 친숙한 느낌을 주는 꽃이지요.

시인이 접시꽃을 심었어요. 햇살을 잘 받을 수 있는 툭 터진 장독대 둘레네요. 심겨진 접시꽃 씨앗은 싹을 틔우고 잎을 달아 열심히 몸을 키워서 다음 봄에는 멋진 꽃을 송이송이 피우겠지요.

그런데 시인이 바라는 건 예쁜 꽃이 아닌가 봐요. 예쁜 꽃잎이 아니라 결 고운 접시를 빚으라고 했거든요. 접시란 무엇인가요?

접시는 밥이나 국처럼 많은 양의 음식이 아니라 생선이나 고기, 그리고 채소와 같은 맛있는 반찬을 담는 그릇이에요. 그러니까 우리 몸에 없어서는 안 될 여러 가지 영양소를 담뿍 담아주는 그릇이죠. 그래서 접시가 많으면 많을수록 식탁이 풍성해진다고들 하죠.

그 접시는 누구를 위한 것일까요?

두말할 것도 없이 바로 우리 어린이들을 위한 접시들이죠. 어린이들을 위해 글을 쓰는 서담 시인은 오로지 어린이들의 건전한 성장만을 바라고 있으니까요. 어린이들이 싫증내지 않도록 하양, 빨강, 분홍 등 각가지 색깔의 꽃씨를 뿌린 것만 봐도 알 수 있어요.

우리 어린이들 주변에는 이처럼 고마운 분들이 많이 계세요. 우리 어린이들이 새 봄처럼 무럭무럭 자라나야 하는 이유가 바로 이런 데서도 찾아볼 수가 있지요.

바다가 쑤욱
금빛 알을 낳았다.

어둡고 먼 길 달려와
아침을 맞는 사람들도,

추위 속에 떨고 서서
볕을 기다리는 사람들도,

모두 모두 함께
나눠가지라고

커다란 금빛 알을
쑤욱! 낳았다.

「해맞이」전문

봄은 새롭게 출발하는 계절이에요. 풀과 나무들도 새싹을 준비하고, 둥지의 새들도 날개를 퍼덕이며 파란 하늘로 힘차게 날아오르지요.

사람들도 새해를 맞이하면 대부분 새로운 다짐들을 하지요. 그래서 설날에는 새해 첫 해돋이를 보기 위해 멀리 여행을 가기도 해요.

겨울이 채 가지 않은 새벽에 이른 해돋이를 보기 위해서는 매서운 새벽 추위를 견뎌야 해요. 해가 뜨는 순간을 놓치지 않으려면 일찍부터 서두르고 또 오랜 시간 기다려야 하지요.

그렇지만 해가 떠오르는 순간만큼은 모두 한가지로 감동을 받아요.

마치 금빛 알을 낳듯이 쑤욱 솟아오른 해가 아무런 차별이 없이 번쩍이는 햇빛을 골고루 나눠주니까요.

상상해보세요. 바다가 쑤욱 낳는 커다란 금빛 알을!

멀리서 왔거나, 어둠 속에 있다가 왔거나, 추위에 떨고 있거나, 오래 기다렸거나……. 해는 누구에게나 공평하게 햇볕을 나눠 주지요.

봄을 맞아 새롭게 시작하는 삶은 누구나 똑 같을 거예요.

너무 늦다, 너무 춥다, 너무 어둡다, 너무 많이 기다렸다……. 이 모든 불평은 번쩍이는 금빛 알이 모두 다 녹여주니까요.

2. 가슴에 찍힌 사진

우리 모기들 못 들어가게
방충 창 달고,

바람도 못 들어가게
방풍 지 붙이더니,

이젠 사람들까지 못 들어가게
방범창 다네.

사람들 참 안 됐다.
도대체 누구랑 살겠다는 거지?

「사람들은 참 안 됐다」 전문

 모기들이 수군대네요.
 모기들을 막는다고 방충 창을 달고, 바람을 막는다고 방풍 지를 달더니, 이번에는 자기네들 사람들까지 들어오지 못하게 방범창을 달고 있다고…. 그러면서 비아냥거리네요. '사람들은 참 안 됐다. 도대체 사람들은 누구랑 함께 살겠다는 거야?'라고.
 모기는 사람들의 피를 빨고 또 전염병도 옮기는 해충이니까 막아야 하지요. 그리고 바람도 사람들에게 감기를 선물할 수도 있으니까 막아야 해요. 그런데 마지막이 문제네요. 방범창을 다는 이유 말이에요.

 방범창은 물건을 훔치거나 사람들을 해치려고 주인의 허락도 없이 들어오는 사람을 막는 장치예요. 그렇지만 모기의 눈으로 보면 이상할 게 뻔해요. 들어오려는 사람이나 막으려는 사람들이나 다 똑 같은 사람들이거든요.

 조금은 낯이 뜨거워지네요. 모기들은 모기들끼리 편을 나누지 않고, 바람도 바람끼리는 서로 밀어내지 않는데, 잘났다고 뽐내는 사람들이 서로를 밀어내며 살다니요.

 서로 밀어낸다는 것은 서로가 서로를 믿지 못하기 때문일 거예요. 방범창을 달아야 하는 세상은 믿음이 없는 세상이지요. 자기 욕심만 부리고 남의 형편은 생각하지 않는 사람들은 믿음을 주지 못하는 사람들이죠. 서로 믿고 산다면 방범창 같은 것이 왜 필요하겠어요? 나보다는 남을 먼저 생각하는 사람들이 많아질 때 이 세상은 살기 좋은 세상이 될 거예요. 모기들이 더 이상 비아냥거리지 않도록 방범창을 달지 않는 세상이 되었으면 좋겠군요.

 사진을 찍어달란다.

 휠체어를 탄 할아버지와
몸을 낮춰

휠체어를 잡고 있는 아저씨.

- 여기 보세요. 찰칵!
셔터를 눌렀다.

순간, 찰칵!
또 한 장의 사진이
내 마음속에 찍혔다.

뜨거운
가슴 사진 한 장!

「가슴에 찍힌 사진」 전문

누가 사진을 찍어달라고 부탁을 하네요.
돌아보니 휠체어를 타신 할아버지 한 분과 젊은 아저씨 한 분이 계셔요. 휠체어를 밀어주시는 아저씨는 일부러 몸을 낮춰서 앉아 계신 할아버지와 어깨를 나란히 맞추고 있네요.
찰칵! 사진을 찍어드렸죠. 그런데 다음 순간, 또 한 장의 사진이 내 마음속에 찰칵! 찍혔어요 그것도 그냥 평범한 사진이 아니라 마음 뜨거운 가슴 사진 한 장이 말이에요.
할아버지와 아저씨는 어떤 사이일까요? 가족일 수도 있고, 아니면 의료봉사를 하는 분일 수도 있겠죠. 그러나 가까운 사이라면 구태여 사진을 찍어달라고까지는 않았을 것 같아요. 그렇다면 봉사하시는 분이 아닐까 싶은데 사진에서나마 자신의 머리가 어르신보다 높이 나올까 봐 몸을 낮추는 것을 보니 아주 예의바른 아저씨가 틀림없어요.

몸이 불편한 환자를 간병하는 일은 결코 쉬운 일은 아니에요. 특히 나이 많으신 할아버지, 할머니를 돌보는 일은 더욱 힘이 드는 일이죠. 그런데 요즈음은 나이 많으신 할아버지, 할머니가 전보다 늘어나면서 옆에서 도와드려야 하는 일이 아주 많아졌어요. 그렇지만 도움의 손길을 받지 못해서 힘들게 사시는 할아버지, 할머니들이 갈수록 많아지고 있지요.

아저씨와 같은 분들이 많이 나온다면 얼마나 좋을까요? 어른들을 깍듯이 모시면서, 어르신들이 여생을 편안하게 지낼 수 있도록 도와드리는 봉사 활동이 활발하게 이루어졌으면 참 좋겠어요.

찰칵! 사진 한 장이 우리들의 가슴도 따뜻하게 해 주네요.

3. 아름다운 반칙

간밤
내내 퍼부어
수북이 쌓인 눈,

오늘 아침
하늘이 보낸 햇볕 청소부가
말끔히 치우고 있네.

「하늘은 치울 줄도 안다」 전문

눈이 쌓였어요.
　우리 어린이들은 쌓여 있는 눈이 즐겁기만 하지요. 눈싸움도 하고, 눈사람도 만들 수 있으니까요.
　그런데 어른들은 걱정들이 많아요. 걸어 다니기도 어렵지만 자칫하면 차 사고와 같은 큰일을 당할 수도 있으니까요.
　그래서 모두들 마당이나 가까운 골목길을 쓸면서 땀들을 흘리지요. 그렇지만 그건 일부일 뿐이에요. 지붕이나 들과 산에 쌓인 눈을 다 치울 수는 없거든요. 자, 어떻게 하죠? 저 많은 눈을….
　아, 그런데 얼마 뒤에 나가보니 그 많던 눈이 다 없어졌어요. 웬일일까요?
　그래요. 햇볕 청소부가 있었어요. 밝고 따뜻한 햇볕 청소부가 내려와 그 많던 눈을 다 치운 거예요. 거기에다가 축축하게 젖어있던 나뭇가지까지 고슬고슬 말리고 있군요.
　그러고 보면 하늘은 참 책임감이 강한가 봐요. 자기가 어질러 놓은 눈을 자기 스스로 깨끗이 치워놓았으니까요.

가만히 살펴보면 자연은 다 그런 것 같아요. 많은 비로 쓸려나나 움푹 파인 산비탈은 오래지 않아 풀과 나무로 메워져 있고, 새까맣게 타버린 산림들도 몇 년이 지나지 않아 다시 푸른 숲으로 뒤덮인 것을 보면요. 그러고 보면 자연을 정말 책임감이 강해요.

만약 사람들이 자기가 저지른 일에 대해서 책임을 지지 않는다면 이 세상은 어떻게 될까요? 온갖 쓰레기와 폐기물들로 이 세상은 금세 숨조차 쉴 수 없는 지옥이 되고 말 거예요.

자기가 뿌린 눈을 햇볕 청소부를 보내 깨끗이 치워준 하늘, 정말 멋지지 않나요?

느티나무를 돌아오기로
달리기를 합니다.

내가 먼저
느티나무를 탁 치고 돌고,
시아가 돌고, 진규가 돌고……,

꼴찌로 달리던 승우가
돌아오는 내 손을 툭 치고
휠체어를 휙 돌립니다.

제일 먼저 들어 온 승우에게

우리는 다함께
박수를 보냅니다.

「반칙에게 박수를」 전문

  친구들과 달리기 내기를 했어요. 나, 시아, 진규, 그리고 승우, 이렇게 모두 넷이서요. 목표는 멀리 서있는 느티나무를 돌고 오는 거예요.

  달리기에 자신이 있는 내가 제일 먼저 느티나무를 돌았어요. 다음이 시아, 그리고 진규가 돌았어요. 돌아오는 도중에 승우를 만났어요. 승우는 나를 보더니 내 손을 툭 치고는 이내 되돌아 달렸어요. 느티나무를 돌지 않은 승우가 일등을 했지요. 그런 승우를 보며 우리는 손뼉을 쳤어요.

  따지고 보면 승우는 반칙을 한 거예요. 정해진 코스를 다 돌지 않았으니까요. 그렇지만 우리는 상관하지 않기로 했어요. 승우는 우리와 형편이 다르니까요. 휠체어를 타야 하는 승우와 그렇지 않은 우리들은 지켜야 하는 규칙이 달라야 하거든요.

  규칙은 다 같을 수가 없지요. 조건이나 형편에 맞아야 해요. 그건 다름을 인정하는 데서 나올 수가 있는 거예요.

  반칙을 한 승우에게 손뼉을 쳐주는 친구들이 잘못했을까요?

  승우에게 손뼉을 쳐주는 친구들에게도 우리는 다 같이 손뼉을 쳐주어야 하지 않을까요?

4. 아름다운 우리 땅

신안 앞바다
1004 섬.

새들 날다 지치면
쉬어가라고

천사 같은 바다가
다문다문 심어놓은

1004 개의
예쁜 쉼터.

「1004섬」 전문

　천사 같은 바다가 다문다문 심어놓은 예쁜 쉼터, 그것도 한두 곳이 아니라 천 하고도 네 곳! 그곳이 과연 어딜까요?
　그래요. 바로 전라남도 신안군이에요. 크고 작은 섬들이 올망졸망 모여 앉아 마치 귓속말이라도 나누듯 어깨를 마주대고 오순도순 다정하게 살고 있는 곳. 천사가 심어놓은 곳이어서 섬의 숫자도 1004개가 되었다는 생각이 참 재미있군요.

상상해 보세요. 끝없이 펼쳐진 쪽빛 바다 위로, 금빛 햇살이 너울거리는 곳, 그 빛나는 햇살을 몸에 감고 어선들은 통통통통 하얀 물살을 가르며 달리고, 먹이를 찾는 갈매기들은 은빛 날개를 퍼덕이며 넓은 동그라미를 그리는 곳을…….

날다가 지친 갈매기는 아무 쉼터나 찾아 지친 날개를 잠시 접겠지요. 그러면 거짓말처럼 피로가 풀리고, 다시 힘을 얻은 새들은 힘차게 날개를 펄럭이며 하늘로 날아오르겠지요.

여러분도 하늘과 바다와 바람이 어우러진 1004개의 쉼터로 당장이라도 달려가 보고 싶지 않나요?

우리나라 땅은 어디를 가나 1004섬처럼 모두가 아름다운 쉼터예요. 이처럼 아름답게 살 수 있도록 우리들에게 좋은 삶의 터전을 마련해준 우리나라가 참으로 고맙지 않나요?

우리나라를 더욱 사랑해야 하는 이유가 여기에도 있어요.

쭉쭉 쌓아올린 기둥이다.
활짝 펼쳐진
삼각 깃발이다.

담양교 받치는 기둥처럼
지붕 이고 우뚝 서있는
메타세쿼이아.

반듯하게 허리 펴고
높은 하늘 떠받치고 있는
저 메타세쿼이아는

목청껏 내지르는 함성이다.
힘차게 펄럭이는
삼각 깃발이다.

「메타세콰이어 길」 전문

메타세쿼이아를 본 적이 있나요?
 길가에 서있는 메타세쿼이아는 보기만 해도 시원한 느낌을 주지요. 큰 키도 키려니와 거침없이 쭉쭉 벋어나간 모습이 보는 이들의 눈까지 시원하게 만들어주거든요.
 시인은 메타세쿼이아가 마치 담양교 다리를 받치고 있는 튼튼한 기둥과 같다고 했어요. 그리고 무성한 잎을 매달고 있는 나무의 모습이 펄럭이고 있는 삼각 깃발과도 같다고 했고요. 정말 그럴듯한 연상이죠?
 생각해보세요. 튼튼한 기둥에 매달려 힘차게 펄럭이고 있는 삼각 깃발을!
 금세라도 어디선가 둥둥 북소리와 함께 힘찬 고함소리가 터져 나올 것 같은 느낌이 들지 않나요?

'네가 보는 저 메타세쿼이아처럼 당당하게 세상을 살아가라. 저 메타세쿼이아처럼 큰 포부를 가지고 더욱 씩씩하고 힘차게 살아가라.'라고 외치고 있는 것 같아요.

자연은 우리에게 많은 얘기를 해 주고 있어요. 조금만 귀를 열어도 우리는 많은 얘기를 들을 수가 있어요. 하나같이 우리들에게 많은 생각을 하게 해주는 이야기들이에요.

자연뿐만이 아니죠. 예로부터 전해오는 전설이나, 새로 생긴 이름들도 우리들에게 많은 생각거리를 안겨주는 것은 마찬가지에요. '의병로'를 걷다가 어느새 나도 몰래 불끈 손을 쥔다거나,'슬로우시티'를 걸으면서 나도 모르게 걸음걸이가 늦춰지는 것 등은 바로 그런 점을 말해주는 예가 될 거에요.

좋은 생각이 좋은 사람을 만든다고 하지요. 생각이 그만큼 중요하다는 뜻일 거예요. 서담 시인은 어린이들에게 좋은 생각을 하는 사람이 되라고 얘기하고 있어요. 그래서 보고 듣는 모든 것들을 모두 생각이라는 체로 일단 걸러내고 있어요. 체로 걸러진 생각은 반짝반짝 빛나는 보석이 되지요. 그 보석은 나를 더욱 슬기롭고, 다정하며, 따뜻하게 만드는 보약이 되어 주고 있어요.

나는 서시인의 작품이 많은 어린이들에게 '생각'이라는 보석을 듬뿍 선물해주리라고 믿어요. 부디 이 책이 많은 어린이들의 좋은 친구가 되어주었으면 좋겠어요.